LA PAIX

DE

VILLAFRANCA

RÉFLEXIONS

PAR

G.-F. AVESANI

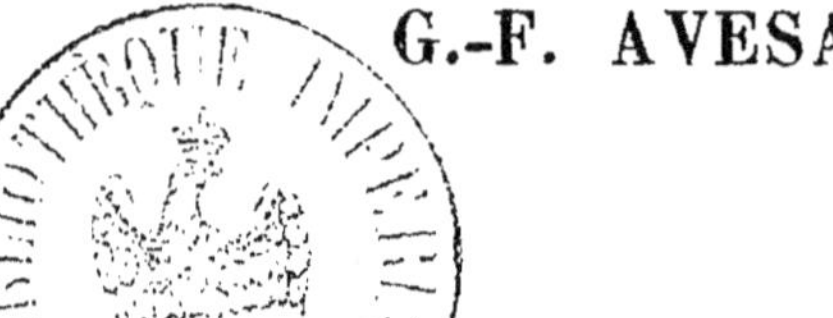

GENÈVE

CHEZ LES PRINCIPAUX LIBRAIRES

1859

IMPRIMERIE RAMBOZ ET SCHUCHARDT, RUE DE L'HÔTEL-DE-VILLE, 78.

LA PAIX DE VILLAFRANCA.

Il est intéressant dans le moment actuel de relire la brochure : *Napoléon III et l'Italie.* On verra que l'empereur a accompli le programme de la Prusse au lieu du sien, dans lequel il donnait au Corps législatif les explications qu'on lui avait demandées, et il reconnaissait et annonçait à l'Europe l'insuffisance de tout autre moyen, et la nécessité de cette alternative : ou que l'Autriche commande en Italie jusqu'aux Alpes, ou que l'Italie soit libre jusqu'à l'Adriatique.

Cette brochure, qui a paru quelque temps auparavant, ne prononçait pas un jugement aussi tranché. Elle regrettait que le cabinet anglais, en 1848, « n'eût pas usé de sa grande et « légitime autorité pour empêcher le refus qui de Milan fut fait « à des propositions de l'Autriche portées directement à « Londres, c'est-à-dire : Indépendance pour la Lombardie, et « un gouvernement séparé pour la Vénétie, sous la seule ré- « serve de la suzeraineté. » (§ I, page 11.)

La brochure faisait honneur à la Prusse du projet qui aujourd'hui se trouve ponctuellement exécuté par Napoléon, en s'arrêtant au Mincio.

« Des officiers allemands affirmaient que la ligne du Mincio « était, au point de vue stratégique, nécessaire à l'Allemagne,

« et ils avaient accrédité cette opinion qu'en tout cas l'Autriche
« devait conserver, comme un abri nécessaire, le pays compris
« entre cette rivière et l'Adriatique. La Prusse avait proposé ce
« point de départ pour proposer à la Diète une *espèce de trans-*
« *action* qui témoignait au moins de sa sympathie pour la cause
« italienne, en même temps que de sa sollicitude pour les inté-
« rêts allemands. D'après ce projet, qui eut pour rapporteur
« M. de Radowitz, l'Autriche devait garder la ligne du Mincio
« comme point stratégique; mais le pays qui restait dans la li-
« mite de l'empire autrichien devait faire partie d'une confédé-
« ration italienne. Ce projet fut rejeté par la Diète où domi-
« nait l'influence de Vienne. » (§ III, page 18.)

Cette *espèce de transaction* prussienne, dont la pacifique brochure paraissait se contenter, et que nous voyons aujourd'hui
si ponctuellement exécutée, ne sembla plus plaire à Napoléon,
une fois qu'il eut pris les armes; sa proclamation déclara que
cette transaction, aussi bien que tout autre moyen, était impossible, et qu'il ne restait plus que l'alternative, ou d'une entière
domination de l'Autriche en Italie, ou de son expulsion com-
plète.

La nécessité de cette alternative, qui n'était pas ouvertement
avancée par la brochure, s'y trouvait néanmoins prouvée par
les réflexions suivantes :

L'Autriche refusa « le projet envoyé de Paris à Vienne au
« mois de juin 1857 sur les réformes à introduire dans le
« gouvernement pontifical, et elle fit un *autre projet* tel qu'il
« valait mieux ne rien faire que de s'unir à l'Autriche pour
« frapper dans le vide, et tromper l'attente des populations par
« des simulacres de réformes. » (§ IX, page 39.)

« En refusant, l'Autriche a obéi à un sentiment politique.—
« Ne pouvant faire des réformes dans ses provinces italiennes,
« elle ne peut en laisser faire dans les autres parties de l'Italie
« (*ibid*). Demander à l'Autriche d'appliquer à la Lombardie un

« régime plus doux et plus libéral, serait lui proposer un sui-
« cide (*ibid.* page 40). — Elle est condamnée à opposer une
« résistance inflexible à toute innovation ; l'immobilité est la
« condition absolue de sa puissance. Son concours est donc
« impossible à obtenir, et sans elle rien ne se fera à Rome, à
« Naples, dans les duchés, partout où l'on redoute sa puissance,
« où l'on suit son impulsion. (*Ibid.*)

« Il faut reconnaître aussi que la nature a beaucoup fait
« pour protéger la domination autrichienne en Italie, et tout
« ce qu'a fait la nature a été encore fortifié et augmenté par la
« main des hommes. Toutes ces rivières (le Tessin, le Pô,
« l'Adda, le Mincio, l'Adige, la Brenta, la Fiane, la Livenza,
« Tagliamento) offrent d'admirables lignes de défense à l'Au-
« triche, qui en a couvert les passages principaux par des
« places que l'art a rendues presque imprenables. » (§ X,
page 43.)

« Supposons même que, par un concours de circons-
« tances extraordinaires, une armée italienne soit arrivée triom-
« phante jusque sur l'Adige, et que l'insurrection ait gagné
« tout le plat pays, supposons encore, ce qui est peu probable,
« que des places fortes telles que Pavie, Plaisance, Ferrare,
« Pizzighettone, Peschiera, Mantoue, Legnago, Venise, Ossopo,
« Palmanuova, soient tombées dans les mains du vainqueur, eh
« bien ! la partie ne serait pas encore perdue pour l'Autriche ;
« car si l'Italie est son champ de bataille, le Tyrol et les Alpes
« de la Carinthie sont ses véritables places d'armes, dont Vérone
« avec ses immenses fortifications et son camp retranché pou-
« vant contenir 50,000 hommes est l'ouvrage avancé.

« En supposant donc l'Autriche acculée aux Alpes, elle peut
« laisser impunément toute l'armée italienne jouir de son
« triomphe momentané, puis avec ses chemins de fer qui vont
« de Vérone à Trieste, et de Vienne à Innspruck, elle rassem-
« ble facilement de nouvelles armées, et par les nouvelles

« routes qu'elle a tracées et qui débouchent des Alpes, soit par
« Bassano, soit par Vicence, soit par Vérone, soit par le lac
« d'Idra, soit par le lac d'Iseo, soit par le lac de Côme, elle
« peut tomber à l'improviste sur les flancs et les derrières de
« l'ennemi, lui couper toutes les communications, et le rejeter
« en un clin d'œil jusqu'au delà du Pô ; répétant ainsi la ma-
« nœuvre victorieuse du maréchal Radetzky en 1848. » (*Ibid.*
pages 43, 44.)

Or je dis (et ce que je dis, Napoléon l'avait pensé, lorsqu'il posa la célèbre alternative) on devra toujours craindre
un coup soudain tant que l'Autriche aura un pied en Italie, et
bien plus encore si elle conserve non-seulement Vérone, mais
tout le quadrilatère. L'idée d'une confédération n'y met pas
une barrière et bien moins encore, si on rend la Toscane et
Modène aux archiducs.

Cette idée d'une confédération que la brochure nous apprend
être venue à la Prusse en 1848, avait été aussi, nous dit-elle,
l'idée de *lord Ponsomby*, ambassadeur anglais à Vienne la
même année.

« Le premier moyen de remédier aux dangers de la situa-
« tion de la péninsule, selon l'honorable diplomate, est dans la
« reconnaissance franche et loyale de la nationalité italienne ; car
« d'une nationalité provinciale, qui se bornerait à accorder à la
« Lombardie et à la Vénétie ce que l'empereur a accordé à tous
« les pays qui composent la monarchie, c'est-à-dire une admi-
« nistration provinciale et communale, et les droits sanctionnés
« par la constitution en bienfaits , cela ne suffirait plus ; mais
« il faudrait que l'Autriche déclarât qu'elle veut contribuer de
« tout son pouvoir à la formation de la Confédération italienne
« sur les bases les plus nationales ; à la condition que cette
« confédération reconnaisse sa stricte et permanente neutralité,
« ainsi qu'elle l'a fait pour la Suisse en 1815. » (§ XII, p. 56.)
Sans émettre ouvertement la pensée d'expulser l'Autriche

de l'Italie, que Napoléon postérieurement a si carrément exprimée, la brochure néanmoins affirmait qu'il était nécessaire et possible de « confédérer l'Italie comme l'Allemagne. » — « Mais
« on comprend, disait-elle, que nous ne donnons pas ici un
« plan de confédération. Celui qui avait été rédigé en 1848, et
« auquel avaient adhéré le pape, le roi de Naples, le roi de Pié-
« mont, le grand-duc de Toscane, fournirait encore plus d'un
« élément utile. Il reposait, comme le pacte germanique, sur
« ce double principe facile à organiser et à concilier même avec
« des formes diverses de gouvernement : solidarité de tous les
« Etats confédérés dans la défense intérieure et extérieure,
« indépendance de chacun d'eux dans l'exercice de leur souve-
« raineté particulière. » (§ XV, page 60.)

De cette manière Venise non-seulement ne gagnerait rien, puisqu'elle resterait, comme auparavant, sous le gouvernement despotique de l'Autriche ; mais elle perdrait jusqu'à l'espoir d'une rédemption future, si cette sanction donnée par l'Europe devrait s'étendre à garantir à l'Autriche, ainsi qu'aux autres Etats d'Italie leur part dans la confédération.

J'ai dit que l'auteur de la brochure n'exprimait pas la pensée de chasser l'Autriche du Lombardo-Vénitien, cependant il s'exprimait ainsi qu'il suit :

« Mais il y a un obstacle en dehors de l'Italie, en dehors de
« l'intérêt européen, c'est la situation de l'Autriche en Lom-
« bardie. Il est donc dans la logique de la politique autrichienne
« de s'y opposer, comme elle s'est opposée aux réformes,
« comme elle s'opposera à tout. Que faut-il faire ? Faut-il se
« courber sous le *veto* de Vienne ? Faut-il passer outre ? Est-ce
« un appel à la force ou un appel à l'opinion qui peut triom-
« pher de cette résistance et amener une solution réclamée
« par l'intérêt général ? C'est la dernière question que nous
« avons à résoudre. » (§ XV, page 61.)

Pour la résoudre, il raisonne ainsi : « Il faut observer que les

« traités ne seraient invariables que si le monde était immobile,
« et qu'une puissance qui se retrancherait derrière des traités
« pour résister à des modifications réclamées par le sentiment
« général aurait pour elle sans doute le droit écrit, mais elle
« aurait contre elle le droit moral et la conscience universelle.»
(§ XVI, page 61.)

«Qu'y a-t-il donc à faire? En appeler à la force? Que la Pro-
« vidence éloigne de nous cette extrémité! Il faut en appeler
« à l'opinion (page 62) — l'opinion pourra juger et s'imposer
« peut-être comme la justice pacificatrice du bon droit. Nous
« n'avons aucune hostilité contre l'Autriche. L'Italie est le seul
« motif de difficulté qui puisse exister entre elle et la France. Nous
« respectons sa situation en Allemagne qui n'a rien à craindre
« de nous sur le Rhin. La solution de la question italienne au-
« rait pour résultat d'effacer entre la France et l'Autriche tout
« sujet de dissentiment. » (*Ibid.* page 63.)

« Nous souhaitons donc ardemment que la diplomatie fasse
« la veille d'une lutte ce qu'elle ferait le lendemain d'une vic-
« toire. » (*Ibid.* page dernière.)

Ainsi le célèbre opuscule précurseur de la guerre, tout en
regrettant qu'en 1848 on n'eût pas accepté à Milan l'offre de
l'Autriche, et à Francfort l'*espèce de transaction* proposée à la
Diète par la Prusse, qui voulait conserver la Vénétie à l'Autriche avec une confédération italienne, allégua pourtant des difficultés provenant, soit de la position militaire de Vérone, soit de
la politique que l'Autriche suit, et est forcée de suivre à moins
d'un *suicide*, qui rendaient inévitable l'alternative proclamée
ensuite par l'empereur Napoléon : ou tout, ou rien à l'Autriche en Italie.

Le président du sénat, M. Troplong, dans son discours de
clôture répéta l'assurance donnée par l'empereur de vouloir
soustraire la Lombardo-Vénétie à la domination autrichienne.
Toute la France applaudit à cette idée généreuse et pleine de

sagesse, et toute l'Italie l'accueillit avec joie et avec une reconnaissance sans bornes, fêtant partout l'empereur Napoléon III comme son libérateur. Elle voyait réparé par lui le grand tort du traité de Campo-Formio, qui donna pour la première fois à l'Autriche la Vénétie.

Mais maintenant après tant de victoires, à la veille de la libération de Venise au moyen d'une flotte française, accompagnée des batteries flottantes et des nouvelles canonnières foudroyantes à petit tirant d'eau, et qui venait à peine d'être reunie dans l'Adriatique, voilà que l'ouvrage est inopinément coupé par la moitié : on propose un long armistice ; les deux empereurs se donnent rendez-vous, s'embrassent : la paix est faite, et on renouvelle le traité de Campo-Formio, avec cela de pire que, tandis que ce traité assignait comme limite l'Adige de manière que Mantoue, Peschiera, Legnago et une partie de Vérone qui est partagée par l'Adige, justement cette partie qui a été ensuite fortifiée, en un mot tout le *quadrilatère* restait aux Italiens, tandis que par le nouveau traité tout cela reste au pouvoir de l'Autriche. Il y a, c'est vrai, le correctif de la confédération ; mais ne doit-on pas craindre que l'Autriche, en faisant partie avec son *quadrilatère* et avec la facilité qui a été remarquée dans la brochure, de faire descendre soudainement en Italie ses hordes nombreuses, cette confédération ne soit que la société des agneaux avec le loup ?

Qu'est-ce donc qui a fait manquer à la parole que toute l'Italie, excepté Mazzini et ses adhérents, croyait inviolable.

Devons-nous croire que ce fut par peur de la Prusse ? Devons-nous croire que la Prusse ayant converti en *ultimatum* son projet de transaction de 1848, l'empereur Napoléon ait été forcé à subir la loi de cette *espèce de transaction* ?

Les journaux prussiens publient, et tous les autres journaux de l'Europe donnent, d'après eux, une dépêche, du 22 juin dernier, de lord Russell, ministre des affaires étrangères, à lord Bloomfield, ministre britannique à Berlin, par laquelle on voulait dissuader la Prusse de prendre part à la guerre en faveur de l'Autriche sous prétexte que les forteresses sur le Mincio et sur l'Adige sont les barrières de l'Allemagne contre la France.

Cet argument prussien est réfuté par le ministre anglais, qui conclut ainsi :

« Le plus qu'on puisse dire c'est que, tandis que beaucoup
« d'Allemands considèrent ces forteresses comme la barrière de
« l'Allemagne, plusieurs Italiens les considèrent comme une
« grave menace contre l'Italie. Le traité de paix doit décider de
« leur destinée. »

Eh bien! comment l'a-t-il décidée? Il laisse cette *menace perpétuelle* contre l'Italie au pouvoir d'un des membres de la confédération. L'épée de Damoclès est toujours suspendue sur sa tête.

Cela est d'autant plus déplorable que la proclamation de Napoléon a été conçue en forme de *communication au corps législatif*, qui a été envoyée le 3 mai dernier, à ce même corps législatif où, dans la séance du 27 avril, les députés de l'opposition s'étaient abstenus de voter l'augmentation du contingent de la conscription en déclarant, par l'organe de *Emile Ollivier*, qu'ils ne sauraient avoir confiance dans le gouvernement qui ne donnait aucune explication.

« Le gouvernement, disait-il, ne doit pas entreprendre la guerre seulement pour donner à ses diplomates et à ses ministres l'occasion de vanter sa modération. Le congrès ayant avorté, le gouvernement a-t-il franchement avoué ses intentions en prenant une attitude digne?.... Et que se propose-t-il de faire pour l'Italie?... Une intervention peut conduire à l'émancipation, mais d'autre part elle peut ne conduire aussi qu'à un agrandissement du Piémont, et à un autre traité de Campo-Formio ou à une nouvelle expédition de Rome. Parmi ces hypothèses quelle est celle qu'a choisie le gouvernement?.... N'avons-nous pas le droit de craindre que le seul objet de cette expédition soit de gagner un peu de cette gloire avec laquelle le peuple a la faiblesse de se consoler de la perte de ses libertés? En conséquence, tant que le gouvernement ne s'expliquera pas plus clairement, nous nous abstiendrons de voter. Nous serons heureux si le spectacle de l'Italie émancipée et unie vient nous prouver bientôt que notre défiance était mal fondée. »

Une communication a été faite au corps législatif; mais hélas! la preuve matérielle qu'il désirait pour reconnaître le tort de sa défiance, n'a été donnée ni à lui ni au monde.

Les doutes de l'opposition se sont changés en certitude; la guerre a été entreprise et coupée par la moitié pour faire montre de modération. L'intervention a produit non pas l'émancipation qu'on promettait à l'Italie; mais un agrandissement du Piémont; un autre traité de Campo-Formio pire que le premier géographiquement et militairement, et qui nécessitera peut-être une seconde expédition de Rome; et nous ne sommes pas même tout à fait rassurés par l'annonce qu'a faite le ministère anglais à la Chambre des Communes, le 22 juillet, qu'on n'a pas stipulé dans le traité, et qu'il n'est pas dans l'intention de l'empereur Napoléon de faire une expédition de Florence, de Modène et de Parme pour relever trois petits trônes renversés, dont deux sont autrichiens; et pour y faire, en dépit des populations, la restauration de princes fugitifs, auxquels Napoléon se contente de dire : Soyez à l'avenir plus sages. La guerre est terminée par un spectacle de gloire donné au peuple français : la gloire d'avoir fait en deux mois la guerre et la paix. Le peuple devait applaudir le grand homme non *plus* seulement comme le plus grand parmi les souverains; mais aussi, ce qu'on n'aurait jamais cru, comme le plus grand parmi les généraux de l'époque, et comme le clément empereur de date récente, qui pardonne à l'orgueilleux empereur d'ancienne race, et lui fait grâce de la moitié de la peine.

Mais le peuple ne s'est pas contenté de ce spectacle ; le Piémont, quoique agrandi, n'en est pas content non plus; la Lombardie n'en est pas contente, quoique délivrée, parce qu'outre
la perte de la Vénétie, elle se sent humiliée par la forme de son
émancipation, étant cédée justement comme un *mancipium*, de
François-Joseph à Napoléon, et de Napoléon à Victor-Emmanuel. Toscane, Modène, Parme ne sont pas contentes, puisque
Napoléon leur conseille ou ordonne de rappeler leurs anciens
souverains. Bologne, qui a secoué le double joug autrichien et
clérical, ni les autres cités, ses sœurs, qui ont suivi son exemple,
ne sont pas contentes. En un mot, l'Italie, à laquelle Napoléon
avait promis de la *rendre à elle-même*, est mécontente, ainsi que
l'Europe, dont les gouvernements se sentent joués par ce coup
de théâtre imprévu.

Napoléon ne tarda pas à s'apercevoir qu'un tel dénouement
ne produisait point l'effet qu'*il en attendait*. C'est pourquoi les
justifications se sont succédé. Dans sa proclamation à l'armée,
il dit : « La Vénétie reste, il est vrai, sous le sceptre de l'Au-
« triche; elle sera néanmoins une province italienne faisant
« partie de la confédération.

« L'Italie, désormais maîtresse de ses destinées, n'aura plus
« qu'à s'en prendre à elle-même si elle ne progresse pas régu-
« lièrement dans l'ordre et la liberté...

« Nos soldats ne se sont arrêtés que parce que la lutte allait
« prendre des proportions qui n'étaient plus en rapport avec les
« intérêts que la France avait dans cette guerre formidable. »

Ces derniers mots étaient mystérieux, et les premiers n'é-
taient pas assez clairs et rassurants. Les journaux semi-officiels
les commentèrent et les entortillèrent jusqu'à affirmer, dans
leur culte adulateur, que le *programme impérial est virtuel-
lement accompli*, malgré que la Vénétie et une partie de la Lombardie, du Mincio à l'Adriatique, restent à l'Autriche. Le *Mo-
niteur* se tut ; Napoléon parla de nouveau. Dans sa réponse aux

adresses laudatives des présidents du Sénat, du Corps législatif et du Conseil d'Etat, qui trouvent bon tout ce qui est fait par l'empereur, soit lorsqu'il promet, soit lorsqu'il ne tient pas, Napoléon repousse l'adulation, et avoue que son programme n'est pas accompli, et dit qu'il en est triste.

« Croyez-vous donc qu'il ne m'en ait pas coûté de retran-
« cher ouvertement devant l'Europe, de mon programme, le
« territoire qui s'étend du Mincio à l'Adriatique? Croyez-vous
« qu'il ne m'en ait pas coûté de voir dans des cœurs honnêtes
« de nobles illusions se détruire, de patriotiques espérances
« s'évanouir. »

Croyez, s'il vous plaît, ces regrets de Napoléon, mais pourquoi appelle-t-il une *illusion* la foi qu'ont les Vénitiens et les Italiens à sa promesse?

Il se justifie en alléguant les difficultés du trop vanté *quadrilatère*, qui d'abord n'est pas Sébastopol, et Sébastopol a été pris sans même l'artillerie de nouvelle invention; mais ces difficultés, qui sont mentionnées dans la fameuse brochure, n'étaient certes pas imprévues lorsqu'il entreprit la guerre. En effet, il ajoute : « Néanmoins, la difficulté de l'entreprise n'aurait ni
« ébranlé ma résolution, ni arrêté l'élan de mon armée, si les
« moyens n'eussent pas été hors de proportion avec les résul-
« tats à attendre. »

Mais cela non plus ne pouvait être imprévu par lui lorsqu'il se mit à la tête de son armée, et n'hésita pas à annoncer au monde qu'il voulait délivrer l'Italie jusqu'à l'Adriatique. Il avait certainement calculé les moyens nécessaires pour atteindre son but.

Il ajoute que « il fallait se résoudre à briser hardiment les
« entraves opposées par les territoires neutres, et alors accepter
« la lutte sur le Rhin comme sur l'Adige. »

Mais cette nécessité n'existait pas, à moins de vouloir opérer une diversion; en effet, il dit un peu plus haut que l'ennemi

« était protégé contre toute diversion sur les flancs par la neu-
« tralité des territoires qui l'entouraient. » Ni cette nécessité
non plus ne pouvait être imprévue par Napoléon, qui, passé
maître dans l'art de bien peser ses paroles, n'a pas pourtant
hésité à prononcer celles que Venise a répétées avec joie, et que
maintenant elle va rappeler avec une bien plus forte douleur
que celle que fait paraître celui qui les a débitées.

« Je me trouvais, dit-il, en face de l'Europe en armes, prête
« soit à disputer nos succès, soit à aggraver nos revers. »

Mais il ne trouvait pas un cas inattendu, puisqu'il fait observer peu après que, « pour servir l'indépendance italienne, il fit
« la guerre contre le gré de l'Europe. » D'autre part, l'autre
empereur, pour se justifier à son tour d'avoir fait la paix, se
plaint de ce qu'après avoir compté d'abord sur l'aide de quelque
allié, il a été finalement abandonné par tout le monde.

Napoléon a trouvé une autre excuse, vraiment imprévue; je
dis imprévue par nous, non pas par lui. « Il fallait, dit-il, par-
« tout franchement se fortifier du concours de la révolution. »

Mais cette franchise, il l'a déjà eue. L'appel à ce concours a été déjà fait par lui-même. Sa belle proclamation de
Milan du 8 mai aux *Italiens*, non pas seulement aux Lombards,
déclarait : « Mon armée ne s'occupera que de deux choses :
« combattre vos ennemis et maintenir l'ordre intérieur ; elle ne
« mettra aucun obstacle à la libre manifestation de vos vœux
« légitimes. La Providence favorise quelquefois les peuples
« comme les individus, en leur donnant l'occasion de grandir
« tout à coup, mais c'est à la condition qu'ils sachent en pro-
« fiter. Profitez donc de la fortune qui s'offre à vous. Votre
« désir d'indépendance, si longtemps exprimé, si longtemps
« déçu, se réalisera si vous vous en montrez dignes. Unissez-
« vous donc dans un seul but, l'affranchissement de votre pays.
« Organisez-vous militairement, volez sous les drapeaux du roi
« Victor-Emmanuel, qui vous a déjà si noblement montré la

« voie de l'honneur. Souvenez-vous que sans discipline il n'y
« a pas d'armée, et animés du feu sacré de la patrie, ne soyez
« aujourd'hui que soldats ; demain vous serez citoyens libres
« d'un grand pays. »

Enfin, après avoir fait observer qu'il s'agissait de commencer
la longue et stérile guerre des siéges — (*stérile*, pourquoi?) —
il fait les protestations qui suivent : « Si je me suis arrêté, ce
« n'est donc pas par lassitude ou par épuisement, ni par aban-
« don de la noble cause que je voulais servir, mais parce que,
« dans mon cœur, quelque chose parlait plus haut encore :
« l'intérêt de la France. »

Mais n'a-t-il pas toujours dit que l'intérêt de la France exigeait d'avoir pour voisine l'Italie libre, et non pas l'Autriche
maîtresse de l'Italie? N'a-t-il pas dit que c'est l'ancienne politique de la France depuis Henri IV (*Napoléon et l'Italie*, § XII,
page 53). N'a-t-il pas rappelé que « tout en blâmant la répu-
« blique de Venise de sa lutte avec Rome, et intervenant pour
« opérer une réconciliation aussi nécessaire aux intérêts reli-
« gieux qu'aux intérêts politiques, » Henri IV se proposait, dans
« son plan de réorganisation de l'Italie, de « donner aux Véni-
« tiens la Sicile, comme il voulait attribuer le Milanais au duc
« de Savoie qui prenait le titre de roi de Lombardie. » (*Ib.*
§ XIII, p. 55.)

Ne lisons-nous pas après le récit de ce plan cet aphorisme
plein de sagesse. « Ainsi se conservent à travers la différence
« des temps les mêmes pensées, quand elles répondent à des
« intérêts permanents et à une politique tout à la fois *nationale*
« et *européenne.* » (*Ib.* page 56.)

« N'a-t-il pas regretté que la mort prématurée de Henri IV
« ait renversé ce plan au moment où il allait recevoir son exé-
« cution, et donner à la monarchie française une puissance et
« un éclat qu'elle n'avait plus depuis longtemps? La nationalité
« italienne en serait sortie nécessairement victorieuse; en per-

« dant Henri IV, elle perdait tout, et elle se trouvait ainsi reje-
« tée dans un ajournement dont la Providence seule sait le
« terme. » (*Ib.* page 55.)

Ah! pourquoi Napoléon, coupant par la moitié cette œuvre
glorieuse et salutaire aussi bien pour la France que pour l'Italie, a-t-il voulu rejeter la Vénétie dans un ajournement sans
terme?

Et pourtant, la fameuse brochure, avant même le programme
plus fameux encore, continuait ainsi : « Il y a des causes qui ne
« peuvent pas succomber dans le monde ; celle-ci est du nombre,
« parce qu'elle n'est ni égoïste, ni exclusive, c'est la cause de la
« nationalité d'un peuple vivant et de l'équilibre de l'Europe. »
(*Ib.* page 63.)

La brochure cite et loue comme pleines de raison et d'élo-
quence les paroles que M. Thiers a prononcées du haut de la
tribune le 29 janvier 1848, et désire les répéter à l'Italie.
« Lorsque, il y a cinquante ans, nous avons voulu posséder l'Ita-
« lie, c'était un tort, mais un tort excusable, parce que la pos-
« séder, c'était la sauver, et l'immense empire qui s'étendait de
« Rome à Hambourg, ne fut qu'une représaille de la célèbre
« convention de Pilnitz. Ces temps ne sont plus ; il faut que
« l'Italie sache que la France lui souhaite d'être indépendante,
« libre et heureuse. » (*Ib.* § IV, page 23.)

Maintenant il y a plus d'à-propos dans d'autres paroles de
M. Thiers sur le traité de Campo-Formio. Les voici :

« Il est vrai qu'en faisant une nouvelle campagne, on était
« assuré de détruire la monarchie autrichienne ou de l'obliger
« du moins à renoncer à l'Italie. Mais Bonaparte avait plus
« d'une raison personnelle d'éviter une nouvelle campagne.
« Enfin, Bonaparte était fatigué. Il voulait jouir un peu de son
« immense gloire. Une bataille de plus n'ajoutait rien aux mer-
« veilles de ces deux campagnes, et en signant la paix il se
« couronnait d'une double gloire. A celle de guerrier, il ajou-

« terait celle de négociateur, et il serait le seul général de la ré-
« publique qui aurait réuni les deux, car il n'en était encore
« aucun qui eut signé des traités. Il est vrai qu'il y avait une
« désobéissance formelle à signer un traité sur ces bases, car le
« Directoire exigeait l'entier affranchissement de l'Italie; mais
« Bonaparte sentait que le Directoire n'oserait pas refuser la
« ratification du traité, car ce serait se mettre en opposition
« avec l'opinion de la France. » Et plus loin, après avoir dit
que « la France n'avait jamais fait une paix aussi belle, » il
ajoute : « On pouvait regretter, il est vrai, que les Autrichiens
« ne fussent pas rejetés au delà de l'Isanzo, que toute la haute
« Italie et la ville de Venise elle-même ne fussent pas réunies
« à la Cisalpine; avec une campagne de plus, ce résultat eût
« été obtenu. Des considérations particulières avaient empêché
« de faire cette campagne. L'intérêt personnel commençait à
« altérer les calculs du grand homme, et à imprimer une tache
« sur le premier et peut-être le plus bel acte de sa vie. » (*His-
toire de la Révolution française*, chapitre XXVII.)

Devons-nous établir un parallèle entre les auteurs de ces
deux traités? Devons-nous dire qu'il y a eu la même impatience
de jouir d'une double gloire, l'un ajoutant à la renommée de
général celle d'homme d'Etat; l'autre à la réputation d'homme
d'Etat celle de général ? Devons-nous dire que si celui-là
manqua aux ordres reçus d'autrui, celui-ci a manqué à sa
propre parole donnée au Corps législatif, à l'Italie, au monde?
Devons-nous dire que tandis que le premier Napoléon comp-
tait sur l'opinion de la France, en opposition aux ordres
du Directoire, Napoléon III eut l'opinion de la France avec
lui lorsqu'il donna sa parole impériale, mais non pas lorsqu'il y a manqué ? Devons-nous dire de l'un ce qui a été dit de
l'autre, que l'intérêt personnel altère les calculs du grand homme,
et imprime une tache sur un acte qui, s'il a été le premier et
le plus beau du jeune général, n'a été ni le premier, ni le plus
beau du mûr homme d'Etat.

Tous les journaux de Paris exaltaient le programme de Napoléon, et, après l'armistice, publiaient des articles pour soutenir que la France ne devait pas s'arrêter tant qu'il y aurait un Autrichien ou une influence autrichienne en Italie. Un de ces articles était déjà imprimé dans un journal du gouvernement lorsqu'il reçut et publia la nouvelle de la paix. Eh bien, dans la même feuille, on a imprimé les louanges de la paix, c'est-à-dire du contraire : *E sempre bene!*

Le *Siècle*, de son côté, avait déjà rédigé un excellent article dans le sens du programme, mais surpris par la nouvelle de la paix, bien loin d'en chanter les louanges, il ne se contenta même pas de frémir en silence, et ajouta : « Au moment où « nous insérions l'article qui précède, nous avons reçu la dé- « pêche qui annonce la conclusion de la paix. Cette dépêche « nous inspire la crainte que l'empereur Napoléon n'ait cédé à « un sentiment de trop grande générosité envers son ennemi « vaincu, et qu'il ne se repente plus tard d'avoir laissé une par- « tie de l'Italie à l'Autriche. Le premier Napoléon eut plus d'une « fois à regretter de ne pas avoir joint, lors du traité de Campo- « Formio, Venise à la Lombardie. Sous le bénéfice de cette « réflexion, nous ne pouvons que constater les rapides résultats « obtenus; l'Italie en fédération est certainement un progrès. « Mais si nous avons la douleur de voir la Vénétie laissée à « l'Autriche, nous espérons que, suivant la proclamation de « Milan, chaque Etat aura le droit de s'organiser selon le vœu « des populations.

Maintenant, on parle d'un *congrès* de puissances après une *conférence* des belligérants. Il paraît que les articles de paix qui ont été publiés sont incomplets. Lord Russell, dans la Chambre des communes, le **22** juillet, répondant à une interpellation, déclara avoir reçu du gouvernement français la communication des préliminaires de paix, mais qu'ils n'étaient pas dans un état convenable (*in a fit state*) pour être présentés à la Chambre.

Dans la même séance, le même ministre, répondant à une autre interpellation, dit avoir appris du gouvernement de l'empereur des Français, qu'il ne s'y trouvait aucune stipulation relative au rétablissement des dynasties de Toscane, Modène et Parme par la force armée, et qu'il n'entrait point dans les intentions de l'empereur des Français d'employer un semblable moyen.

Dans la séance précédente du 21 juillet, le même ministre, répondant au ministre tombé, M. Disraëli lequel (oubliant qu'il descendait de Vénitiens venus en Angleterre vers la moitié du dernier siècle, ainsi qu'il s'est plu d'en informer le public)[1], se montrait satisfait de la paix de Villafranca, et engageait le ministère à ne pas s'en mêler, à n'entrer dans aucun congrès, le même ministre, dis-je, parla ainsi : « Je ne dirai pas s'il est « sage ou non d'entrer dans un congrès. Si ce pays entrait « dans un congrès seulement afin que ses représentants eussent « à apposer notre signature et notre sceau à ce que le pays « n'a pas approuvé, rien ne pourrait arriver de plus fatal aux « intérêts, ou de plus indigne du caractère de l'Angleterre. « Mais s'il y a en Europe, et surtout dans une contrée de « l'Europe, un sentiment de mécontentement et d'alarme, si « cette contrée continue encore à être agitée par la guerre, et « peut-être aussi par la guerre civile, et si l'influence de l'An- « gleterre peut adoucir ces sentiments et rendre la paix qui a « été conclue plus solide et plus satisfaisante, dans ce cas, il « ne serait pas indigne de nous de concourir avec les autres « puissances à cette fin. »

Et le premier ministre lord Palmerston, dans la même séance du 21 juillet, prononça ces paroles mémorables : « L'honorable « membre ne tarissait pas sur les calamités de la guerre ; mais « la paix a ses misères aussi bien que la guerre, et quelles que

---

[1] Disraeli's, Curiosities of Literature ; 14me édition. London, 1849, page xx.

« soient les calamités qui ont accablé le peuple d'Italie en
« conséquence de la guerre, les souffrances qu'elle a endu-
« rées pendant la paix pour un grand nombre d'années, ne sont
« pas une chose de petite importance, et cela ne doit pas être
« regardé comme un état de choses qu'il soit un crime de dé-
« ranger. J'espère que la paix qu'on vient de conclure ne por-
« tera pas avec elle la répétition ou la continuation de ces ca-
« lamités, mais tenez pour certain que ceux qui n'attachent pas
« une grande importance aux souffrances que la nation italienne
« a endurées depuis un grand nombre d'années, montrent qu'ils
« n'ont pas une pleine connaissance de la chose sur laquelle ils
« prétendent se prononcer. Mon honorable ami a fait observer
« que la question si nous devons ou non faire partie d'un con-
« grès est encore sous considération et dépendra des circon-
« stances. Certes, aucun gouvernement de l'Angleterre ne vou-
« drait recommander qu'elle fît partie de la conférence seule-
« ment pour enregistrer les édits, seulement pour enregistrer
« les arrangements faits par d'autres parties, sans son con-
« sentement préalable et son concours. Nous pouvons entrer
« dans une conférence afin d'améliorer des arrangements non
« définitivement conclus, et qui soient encore ouverts à des
« considérations ultérieures ; mais ce n'est pas un rôle pour
« l'Angleterre de se faire simplement le notaire (*recording
« agent*) de transactions auxquelles elle n'aurait eu ni part, ni
« voix. »

Il paraît que le champ est encore ouvert à des considérations
ultérieures en ce qui touche la Toscane et les duchés qui ont pu
s'insurger ou plutôt poursuivre leur insurrection après la paix. Il
y a en outre en leur faveur la promesse d'une des parties signa-
taires de la paix de ne pas les forcer par les armes à se replacer
sous le joug. Il y a enfin la déclaration qu'il n'existe aucun en-
gagement avec l'autre partie d'employer la force ; espérons
que l'autre partie n'osera pas y recourir.

Mais à l'égard des Légations romaines qui se sont insurgées aussi, on se tait. Néanmoins, espérons qu'aucune des parties n'osera entreprendre une seconde expédition de Rome ou une seconde expédition de Pérouse.

Et de la pauvre Venise, « qui n'a pu s'insurger, qui a pu à « peine protester par des manifestations qui ont provoqué l'em- « prisonnement de tant de citoyens distingués et même d'une « dame d'illustre famille patricienne jetée dans les prisons com- « munes, » et de la pauvre Venise, qu'est-ce qu'on en va faire?

Souffrira-t-on qu'elle soit repoussée pour toujours dans le tombeau d'où il lui a été permis pour un instant de soulever sa tête?

Souffrira-t-on que l'on rive à Villafranca les chaînes de Campo-Formio?

Voudra-t-on provoquer une autre fois les malédictions non inexaucées de cette ancienne reine de l'Adriatique, laissée seule esclave parmi tous les peuples de l'Italie?

Non, elle en appelle de la sentence de Villafranca à toute l'Europe, et le sens commun des gouvernements l'exaucera.

CONCLUSION.

Les considérations de sens commun sont celles qui suivent, et concernent la constitution, le concordat, l'armée, les employés, le drapeau, les forteresses, les impôts et le monarque étranger résidant à Vienne.

« 1º Si on ne donne pas à la Vénétie une constitution égale à celle du Piémont et sans concordat, l'aspiration des Vénitiens se tournera toujours vers le Piémont, comme auparavant; la méfiance du monarque sera la même; il se tiendra par conséquent armé et menaçant comme avant; par conséquent, le Piémont devra se tenir aussi armé; par conséquent la France, par conséquent l'Europe, le tout comme auparavant.

« 2º Si l'armée n'est pas entièrement italienne, non-seulement en soldats, mais en officiers, il en sera de même.

« 3º Si les employés ne sont pas tous Italiens, il en sera de même.

« 4º Si le drapeau n'est pas italien, il en sera de même.

« 5º Si les forteresses ne sont pas détruites, bien qu'elles fussent rendues fédérales, mais avec la facilité pour l'Autriche de faire descendre en peu d'heures ses troupes de la Pontebba, et du Tyrol, il en sera de même.

« 6º Si les impôts sont plus lourds qu'en Piémont, il en sera de même.

« 7º Et toujours, avec tout cela, l'aspiration vers le Piémont, vers son bien-aimé roi, de préférence à un monarque étranger qui se méfie de son peuple italien, se confie à des peuples étrangers, réside auprès d'eux, et menace de les déchaîner contre ses sujets italiens, qu'il n'aime pas, et dont il n'est pas aimé. »

Telle est la force des choses; il n'y a pas d'entendement humain, soit dans un congrès, soit dehors, qui soit capable d'y remédier.

Naturam repellas furcâ, tamen usque recurret.

Savez-vous à quoi serait bon un congrès? A fixer le prix de vente de la Vénétie, en faisant comprendre à l'Autriche que c'est le meilleur parti à prendre pour tout le monde, et pour elle surtout, parce que ce petit pays lui serait onéreux, quelque lourds que puissent être les impôts, comme ils ne le sont déjà que trop, puisqu'elle devrait en protéger la possession contre l'aversion des habitants, et de toute l'Italie, par les forteresses et les armées, ainsi qu'elle faisait auparavant, lorsqu'elle jouissait en outre des rentes de la Lombardie.

De cette manière, elle raviverait un peu son crédit financier, et pourrait prendre soin en paix de ses affaires, et laisser l'Europe en paix. Amen.